Este libro pertenece a:

Spitz, Clarita
     Enrique tiene cinco años / Clarita Spitz ; ilustradora Beatriz
Eugenia Vallejo. -- Bogotá : Panamericana Editorial, 2013.
     48 p. ; 19 cm. -- (Álbumes Panamericana)
     ISBN 978-958-30-4161-7
     1. Cuentos infantiles mexicanos 2. Niños - Cuentos infantiles
3. Hermanos - Cuentos infantiles I. Vallejo, Beatriz Eugenia, il. II.
Tít. III. Serie.
I863.6 cd 21 ed.
A1390007

        CEP-Banco de la República-Biblioteca Luis Ángel Arango

Enrique tiene cinco años

Primera edición en Panamericana Editorial Ltda.,
mayo de 2013
© Clarita Spitz
© Panamericana Editorial Ltda.
Calle 12 No. 34-30. Tel.: (57 1) 364 9000
Fax: (57 1) 237 3805
www.panamericanaeditorial.com
Bogotá D.C., Colombia

Editor
Panamericana Editorial Ltda.
Edición
Luisa Noguera Arrieta
Ilustraciones
Beatriz Eugenia Vallejo
Diagramación y diseño de cubierta
Martha Isabel Gómez

ISBN 978-958-30-4161-7

Impreso por Panamericana Formas e Impresos S. A.
Calle 65 No. 95-28. Tels.: (571) 4302110 - 4300355
Fax: (571) 2763008
Quien solo actúa como impresor.
Impreso en Colombia - *Printed in Colombia*

Clarita Spitz

Enrique tiene cinco años

Ilustraciones
Beatriz Eugenia Vallejo

PANAMERICANA
EDITORIAL

En memoria de
mi inolvidable hermano Rubén.

A Dania, Jacques y Sofía,
a los niños especiales y sus familias
especiales, con la esperanza de que algún
día nos sea dado entender.

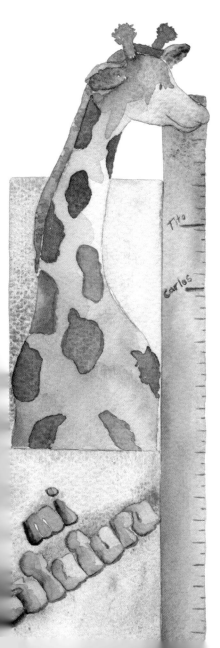

Tito es mi hermano mayor. Cuando yo nací, Tito ya tenía cinco años. En realidad no se llama Tito. Su verdadero nombre es Enrique. Mamá me cuenta que cuando yo empecé a hablar no sabía decir Enrique. Lo llamaba Tito. Por eso ahora todo el mundo le dice así.

Él es un niño especial. Diferente. Sus manos son pequeñas porque sus "editos" son muy cortos.

—Deditos —me corrige mi mamá.

Pero a mí me gusta más como suena "editos", como lo dice Tito. Solo porque así lo dice él.

Me gusta Tito, mi hermano mayor.

Tito se toma muy en serio su papel de hermano mayor. Le gusta cuidarme. Recuerdo que cuando yo era pequeñito y llegaba la hora de dormir, después de que mamá apagaba la luz de nuestro cuarto, Tito se acurrucaba en el suelo, junto a mi cama. Me cantaba canciones y me acariciaba la cabeza. Me hacía "moñitos" en el pelo y me acompañaba hasta que yo me quedaba dormido.

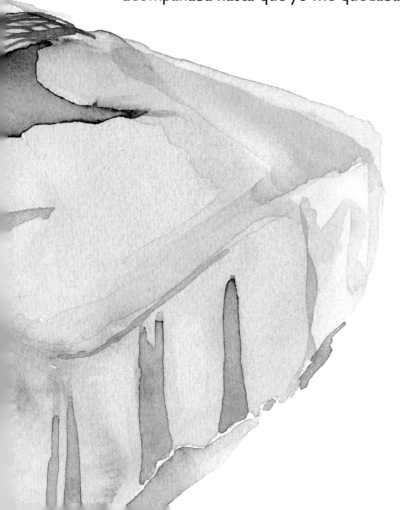

A Tito todavía le gusta contarme los mismos cuentos una y otra vez y, aunque ya yo me los sepa, me gusta que me los vuelva a contar. Cuando jugamos juntos casi siempre me deja ganar. Pensándolo bien, yo creo que a él realmente no le importa perder y tiene mucha paciencia. Casi nunca se enoja conmigo.

Tito es el primero en despertarse. Por las mañanas, apenas abro los ojos, veo la cara sonriente de mi hermano. Su sonrisa me da los buenos días. Es lindo comenzar el día así.

Tito es un poco más lento que las otras personas. Algunas cosas le cuestan más trabajo que a los demás. Aunque yo siempre estoy listo antes que él, Tito me apura porque no quiere que lleguemos tarde al colegio.

Después de bañarnos y vestirnos, bajamos enseguida a desayunar. Mi papá ya está sentado a la mesa.

No importa si afuera hay sol, si está nublado o si está lloviendo, en cuanto Tito entra a la cocina, papá siempre lo saluda diciendo:

—¡Ahora sí, ya salió el sol!

Nos da el beso de los buenos días. Nos revisa de pies a cabeza y mi hermano sonríe. Papá dice que cuando Tito sonríe es como si un arcoíris iluminara la habitación.

—Tito tiene suerte de haber nacido en esta época y no antes —me dijo un día mamá.

—¿Por qué dices eso, mamá? —le pregunté.

—Porque hace muchos años —me explicó— a los niños diferentes los aislaban, los mandaban a colegios especiales o a internados. Los separaban de sus familias. Sus padres solo podían visitarlos de vez en cuando. Si tenían suerte los traían a casa a pasar vacaciones, pero muchos se quedaban ahí, y sus familiares iban a verlos muy poco, solo de vez en cuando o casi nunca. No sabían muy bien

qué hacer con ellos. Hoy en día los niños especiales se quedan en casa con sus familias, y pueden ir a la escuela como todos los demás.

A mí me gusta pensar que yo también tengo suerte de que mi hermano haya nacido en esta época y que pueda ir al mismo co-legio que yo. Así podemos caminar juntos hasta nuestra escuela.

Recuerdo mi primer día en el jardín infantil como si fuera hoy. Yo tenía tres años y aunque Tito es mayor, hoy me parece como si todavía tuviera cinco años de edad.

Tito me llevó de la mano. Me enseñó dónde estaba el baño y me acompañó hasta mi salón; no dejaba que los niños más grandes me molestaran y me presentó a la maestra, la señorita Catalina. Ella fue su maestra también.

—Hola Tito, ¡qué bonito que vengas a visitarme!

—Buenos días, profesora. Este es mi hermano, Carlos. Se lo encargo. Me lo cuida por favor.

En la forma en que lo dijo Tito, sonó igualito que mi mamá. La señorita Catalina apenas pudo contener la risa. Sonriendo le acarició la cabeza a Tito y le alborotó el pelo.

—¡Ay, seño! No me despeine. ¡Mire que me tardé toda la mañana en peinarme!

—¿Ah, sí? —dijo la profesora— y ¿por qué te arreglaste tanto?

—Porque quiero que Margarita me mire hoy. ¿Estoy guapo?

Muy seria, la señorita Catalina observó a Tito. Se puso un dedo sobre los labios y lo miró de arriba abajo. Lo hizo girar, primero para un lado, y luego para el otro.

—¡Estás guapísimo, Tito! —le dijo, finalmente.

Y Tito se fue corriendo, feliz, a conquistar a Margarita.

Hoy fui con los
alumnos de mi colegio a visitar la
Estación de Bomberos No. 5.

La Estación No. 5 está en un edificio
de dos pisos, muy viejo, de ladrillos rosados.
Al frente hay un patio donde están parquea-
dos seis carros de bomberos. Son enormes.
Están pintados de color rojo. También hay am-
bulancias y carros de rescate.

Los bomberos tenían puestos sus uniformes amarillos, sus cascos rojos y sus botas negras de caucho. Nos explicaron cómo funcionan todos los equipos. También nos contaron que en la estación hay un tanque con ¡20 000 litros de agua! Tito quedó fascinado con ellos.

Justo en la mitad de la estación hay un tubo por el que bajan los bomberos cuando hay un incendio y suena la alarma. El tubo se parece al del tobogán que está en el parque cerca de mi casa.

Los bomberos nos mostraron cómo bajar por allí: se abrazaron al tubo con los brazos y las piernas, muy, muy fuerte, para no caerse. Luego dejaron que nosotros intentáramos hacerlo y, al llegar abajo, a todos nos entregaron un botón de *Bombero Honorario*.

Tito tuvo que intentarlo varias veces. Le falta fuerza en los brazos. Las piernas se le enredan. Pero a él no le importó. Trató y trató hasta que lo logró; él también quería ganar un botón, y lo consiguió.

El Heraldo publicó la foto de nuestra visita. La cara de Tito se ve muy sonriente en la primera plana del periódico, al lado de su héroe, Martín, el jefe de la Estación de Bomberos No. 5. Están uno al lado del otro, sobre el estribo del

carro de bomberos y entre los dos sostienen una mangue-
ra mientras sonríen.

Mi hermano puso la foto en la mesita de noche, junto
a su cama, al lado de la fotografía de papá y mamá el día
de su boda.

Mamá le compró a Tito un casco de plástico rojo, igualito al de los bomberos de verdad.

Después, mi papá lo llevó a una librería para comprarle
un libro de bomberos.

A Tito le encanta mirar fotografías, en especial las de
los carros cisterna, y puede reconocer cada una de sus
partes.

En cuanto llega del colegio mi hermano se
pone su casco de plástico rojo.
También se ajusta su botón
de Bombero Honorario,
y corre por toda la casa
gritando como una sirena.

¡Rrruuuaaauuu!

Ramón estudia en la misma clase que Tito. Es el terror del colegio. Molesta a todo el mundo; pareciera que lo único que hace es pensar en su próxima travesura, y cada vez que se encuentra con Tito le suelta un trabalenguas, siempre el mismo.

Tito, Tito, capotito
sube al cielo y pega un grito.

—¿Qué es?

Y Tito se queda mirándolo. Nunca sabe qué responder.

—Es el trueno, se lo he dicho mil veces, el trueno, Tito. ¡Es el trueno!

Pero Tito no lo entiende. Me parece que no lo puede comprender.

Ramón no pierde la oportunidad de martirizar a mi hermano, de ponerlo en ridículo. A veces logra convencer a sus amigos, Ernesto, Francisco y a otros más, y entre todos lo molestan. Le esconden los cuadernos y los lápices. Le hacen zancadilla y lo hacen tropezar.

Tito nunca hace nada por defenderse. No sé si en realidad no le molesta o si no se da cuenta de que se están burlando de él.

Y yo… como todos los demás, yo me quedo callado, por temor a lo que Ramón pueda hacer. Luego llego a la casa sintiéndome muy mal. Arrastrado, por el suelo, porque no soy capaz de defender a mi hermano mayor.

No sé si ya está acostumbrado o si no se da cuenta. Pero a Tito parece no importarle que la gente lo mire dondequiera que vayamos.

Muchas personas lo miran y enseguida desvían la mirada. Lanzan miradas curiosas que no quieren parecer groseras. Algunas señoras no dejan que sus hijos se le acerquen como si tuviera una enfermedad contagiosa. Incluso algunos se atreven a preguntar: "Y, ¿qué le pasa al niño?", algunas veces con curiosidad, otras con temor.

También me han preguntado qué se siente tener un hermano especial.

Yo no puedo contestar a esa pregunta. Tito siempre ha sido parte de mi vida, lo quiero como es. Ya estoy acostumbrado a que necesite más tiempo para hacer las cosas, a que corra despacio. Me parece normal que a veces baje a desayunar despeinado o con los zapatos puestos al revés. Cuando eso pasa, le ayudo a arreglarse y seguimos como si nada.

Por eso cuando me preguntan ¿qué se siente tener un hermano especial? Les contesto con otra pregunta: ¿qué se siente no tenerlo?

Pero a mamá sí que le importa que la gente se quede mirando a Tito.

Como esta mañana, cuando fuimos al supermercado. Estaba realmente furiosa; nunca en mi vida la había visto tan enojada.

Cada vez que vamos de compras con ella al supermercado nos deja ayudarle. Nos da una lista a cada uno, y Tito

y yo buscamos las cosas y las ponemos en el carrito de la compra.

Hoy a Tito le tocó traer los huevos; eran tres cajas y las fue trayendo una por una.

Yo estaba buscando una caja de cereal cuando de pronto escuché:

Tito, Tito, capotito…

Para nuestra mala suerte, nos topamos con Ramón y su amigo Ernesto. En cuanto vieron a Tito, comenzaron a perseguirlo por

los pasillos. Como siempre, Tito no les hizo mucho caso y, entonces, cuando mi hermano venía balanceando con todo cuidado la última caja de huevos, Ernesto le hizo zancadilla. Tito perdió el equilibrio y cayó al suelo. Los huevos se rompieron y se regaron por el corredor; Tito quedó hecho un desastre. Ernesto y Ramón se reían a carcajadas, hasta se les salieron las lágrimas de la risa.

El empleado del supermercado se enojó mucho, ni siquiera ayudó a Tito a levantarse. Le dirigió una mirada de rabia… claro, él tuvo que limpiar el reguero. Estaba furibundo, ¡como si todo hubiera sido culpa de Tito!

Cuando regresamos a la casa, mamá se encerró en su cuarto. Más tarde la encontré sentada sobre la cama llorando. Le contaba a mi papá lo que había sucedido en el supermercado.

—¿Estás triste, mamá? —le pregunté.

—Un poco, Carlitos…

—¿Y por qué estás triste?

—A veces me da mucha rabia que la gente moleste a Tito… no puedo entender que sean capaces de burlarse

de él… que no logren aceptarlo profundamente, tal como es… con su caminar descoordinado, con su forma enredada de hablar. Estoy triste porque es difícil enfrentar las diferencias, aceptar que las cosas no son como queremos que sean… Todavía me queda mucho por aprender…

—No te entiendo, mamá…

—Ya entenderás. Cuando crezcas, cuando seas mayor vas a entender…

Al poco rato entró Tito.

—Mamá, ¿por qué lloras? ¿Estás triste? —le preguntó, cuando la vio con los ojos todavía rojos.

Mamá solo lo abrazó.

—No te preocupes —le dijo.

Tito sonrió y le dio a mamá uno de esos abrazos rompe huesos que solo él sabe dar.

Cada año celebramos los Carnavales. Son las fiestas más importantes de la ciudad. Todos los colegios y los clubes sociales escogen a sus reinas. Cada reina tiene su rey, lo llaman el Rey Momo. Durante el año la gente se prepara, organizan bailes y comparsas, confeccionan sus disfraces y ensayan los bailes a todas horas.

Este año Tito fue escogido como rey Momo de los carnavales en mi colegio. Margarita es la reina; están felices.

Margarita es una reina preciosa. A sus doce años ya baila la cumbia y el merengue como una profesional. Tito no se queda atrás. Le encanta bailar. Se la pasa practicando en la escuela y en la casa, ¡y me está volviendo loco!

Tito no se cambia por nadie cuando se pone su disfraz de *cumbiambero* y la maestra le pinta los bigotes. Él y Margarita no pararon de bailar toda la mañana; por eso Tito no entiende por qué, en su fiesta de cumpleaños, Margarita prefirió bailar con Arturo. Ahora ya no quiere ser su mejor amiga.

Hoy entro a tercero de primaria. Ya tengo ocho años. Pero Tito, mi hermano mayor, es como si todavía tuviera cinco años de edad.

Mamá estaba asombrada de cuánto me estiré durante las vacaciones. Tuvimos que salir a comprar uniformes nuevos porque los viejos ya no me quedaban. Los pantalones parecían de "brinca charcos".

Tito no creció mucho. Ya lo estoy pasando. Creo que muy pronto voy a estar más alto que él.

Por las tardes, después del colegio, mis amigos y yo nos reunimos a jugar fútbol en el parque cerca de mi casa. Tito nos acompaña también.

A veces quisiera que mi hermano no me siguiera siempre. Mis amigos ya se están cansando de cargar con él a todas partes; lo dejan último al formar los equipos, pues nadie lo quiere en el suyo, para no perder. Y es que Tito es muy lento con el balón, se le pasa por entre las piernas, corre como una tortuga reumática... ay, ¡es demasiado lento!

Quisiera que tuviera sus propios amigos y no anduviera siempre pegado a mí. Cuando no lo escogen no dice nada, solo se sienta a mirarnos desde lejos. Espera a que terminemos de jugar y regresa conmigo a la casa. No quiere dejarme solo; yo soy su hermanito menor.

El que parece que nunca va a crecer es Ramón. Sigue siendo el terror del colegio. No para con sus travesuras, pensando nuevas maneras de molestar a los demás.

Ahora, a Ramón y a su pandilla les ha dado por creerse grandes. Hasta han conseguido cigarrillos y fuman a escondidas. Hace poco, se encerraron en el baño de su casa a fumar y pensaron que nadie los iba a descubrir; la verdad es que tuvieron suerte, pero se llevaron un buen susto.

Nunca se supo quién dejó caer el cigarrillo sin apagar en el cesto de la basura. Cuando el fuego empezó, todos corrieron y, por fortuna, alcanzaron a salir de la casa sin problema.

El aire se llenó de un espeso olor a quemado y el humo atrajo a los vecinos. Cuando pensábamos que ya todos habían salido, vimos a Firulais, el perrito de Ramón, asomado a la ventana. ¡Pobrecito! Estaba atrapado. Miraba para todos lados, asustado y ladraba con tanta angustia que partía el corazón de la tristeza.

Nos quedamos paralizados; mirábamos las llamas hip-
notizados. Ramón estaba pálido del susto.

Tito no lo pensó dos veces. Sabía exactamente qué
hacer, ¡por algo es un Bombero Honorario!

No había tiempo que perder. Agarró un palo, y antes
de que alguien pudiera detenerlo corrió hasta la casa. Se
paró frente a la ventana. Se impulsó, y con todas sus fuer-
zas rompió el vidrio, se asomó por la ventana y sacó a

Firulais, que temblaba de miedo. El perro, agradecido, le lamió la cara a Tito. Mi hermano se dirigió hasta donde estaba Ramón, y le entregó su mascota.

Ramón los abrazó a los dos. A Tito y a Firulais.

En eso llegaron los bomberos y, rápidamente, apagaron el incendio. Por suerte el fuego no alcanzó a hacer grandes daños. La casa se salvó.

Pero el verdadero héroe de la jornada fue Tito. Desde ese día mi hermano ya no quiere que lo llamen Tito. Ya es grande. Ahora quiere que lo llamen Enrique.

—¿Por qué lloras, mamá? ¿Estás triste?

—No, Enrique. No estoy triste. Estoy muy orgullosa de ti. A veces, también lloramos de alegría…

Hoy es el día de la palma de cera. En numerosos municipios se van a celebrar fiestas.

Concurso de pintura sobre la palma

La palma de cera es el árbol nacional

Héroe en la calle 8

Enrique habló con la prensa para explicar que en una visita de su escuela a una Estación de Bomberos aprendió cómo rescatar a alguien en peligro

Firulais, momentos después del rescate

El hidrante de la calle 9 sirvió para apagar luego el incendio

Tito es nuevamente noticia; ahora apareció en una revista. Martín, el Jefe de la Estación de Bomberos No. 5 contó su historia. Desde la sección *Héroes entre nosotros* asoma la cara de Enrique, sonriente, radiante, al lado de Firulais. Martín dice que los niños especiales solo llegan a las familias especiales. Dice también que Enrique se quedó suspendido en el tiempo, por siempre niño, por siempre inocente.

Desde que Ramón se convirtió en el guardaespaldas de Enrique ya nadie se atreve a molestarlo.

Agua pasó por aquí,
cate que no la vi.

"¡Aguacate!" grita Enrique, emocionado. Y se ríe, feliz de entender el acertijo. Ramón se lo ha explicado. Ese y muchos más, ahora es su mejor amigo.

Tito, Tito, capotito
sube al cielo y pega un grito.

—Es el trueno —sigue explicándole Ramón una y otra vez.

—El trueno —repite mi hermano, pero no parece estar muy convencido. No logra comprenderlo del todo. Pero no le importa; se ríe a carcajadas y está feliz.

—¿Sabes? —le dice Ramón—. Yo tampoco lo entiendo.

Ramón le pasa el brazo por los hombros, y se van juntos, caminando abrazados.

Enrique, mi hermano mayor, es realmente un niño especial. Pronto va a cumplir quince años, y aunque en algunas cosas pareciera que sigue siendo un niño de cinco, su corazón hace tiempo que alcanzó la mayoría de edad.